करवा चौथ व्रत

डिज़ाइन, चित्रांकन : सुजाता साह!

प्रकाशक: डिवाइनभारत

अनुमतियों, थोक आदेशों अथवा अन्य किसी जानकारी हेतु कृपया संपर्क करें:

info.divinebharat@gmail.com
www.divinebharat.co

ISBN: 978-93-343-5509-3
हिंदी संस्करण, 2025
डिज़ाइन, चित्रांकन : सुजाता साहा
प्रकाशक: डिवाइनभारत

अनुक्रम

परिचय

करवा चौथ, जिसे करक चतुर्थी भी कहा जाता है, उत्तर भारत के चंद्र आधारित पंचांग के अनुसार कार्तिक मास के कृष्ण पक्ष की चतुर्थी तिथि को मनाया जाता है। वहीं महाराष्ट्र, गुजरात एवं दक्षिण भारत के कुछ भागों में, जहाँ अमान्त प्रणाली (अमावस्या से आरंभ होने वाला मास) का पालन होता है, वहाँ यह व्रत आश्विन मास में आता है। पंचांग की भिन्नता के बावजूद, व्रत की तिथि पूरे भारत में एक ही होती है।

यद्यपि करवा चौथ व्रत मुख्यतः पंजाब, हरियाणा, दिल्ली, राजस्थान और उत्तर प्रदेश में अधिक प्रचलित है, तथापि भारत के अन्य क्षेत्रों में भी भिन्न नामों और परंपराओं के साथ इस दिन का व्रत एवं पूजन किया जाता है। महाराष्ट्र और दक्षिण भारत में इसी दिन संकष्टी चतुर्थी का व्रत भगवान गणेश के लिए रखा जाता है। गुजरात और महाराष्ट्र की परंपरा में इस दिन को वक्रतुंड संकष्टी चतुर्थी कहा जाता है, जहाँ भक्त गणेशजी के वक्र सूंड स्वरूप की उपासना करते हैं। कुछ श्रद्धालु दोनों व्रतों को एक साथ रखते हैं।

संकष्टी चतुर्थी, विशेष रूप से निर्जल व्रत के रूप में, सूर्योदय से चंद्रोदय तक बिना जल एवं आहार के रखा जाता है। यह अत्यंत कठिन और आध्यात्मिक रूप से शक्तिशाली व्रतों में से एक माना जाता है, जो विवाहित स्त्रियाँ अपने पति की दीर्घायु, आरोग्य और समृद्ध जीवन के लिए रखती हैं।

दक्षिण भारत में यद्यपि करवा चौथ पारंपरिक रूप में नहीं मनाया जाता, लेकिन टेलीविजन, फिल्मों और सामाजिक संचार के प्रभाव के कारण यह व्रत वहां भी धीरे-धीरे लोकप्रिय हो रहा है। विभिन्न समुदायों की महिलाएँ अब इसे अपने क्षेत्रीय रंगों के साथ अपनाने लगी हैं।

"करवा चौथ" शब्द दो भागों से बना है:

- "करवा", जिसका अर्थ है एक छोटा माटी का पात्र (जिसमें टोंटी होती है)
- "चौथ", अर्थात कृष्ण पक्ष की चतुर्थी तिथि।

करवा इस व्रत में उपयोग होने वाले पवित्र पात्र का प्रतीक है, जिसका उपयोग चंद्रमा को अर्घ्य देने में किया जाता है। कालांतर में यही पात्र इस परंपरा का मुख्य प्रतीक बन गया।
व्रत के अंत में महिलाएँ चलनी या जल से भरे करवे से चंद्रमा को देखकर अर्घ्य देती हैं — यह प्रक्रिया दृष्टि और हृदय की पवित्रता का प्रतीक मानी जाती है।

इस दिन रखा गया व्रत निर्जल व्रत होता है — अर्थात सूर्योदय से चंद्रोदय तक भोजन व जल का पूर्ण त्याग।

करक चतुर्थी का उल्लेख पारंपरिक धर्मसिंधु, निर्णयसिंधु और व्रतराज जैसे ग्रंथों में भी किया गया है। इन ग्रंथों में इस व्रत की पूजा विधि, चंद्र महत्व, तथा व्रत के नियमों का विस्तार से वर्णन मिलता है।

स्पष्ट रूप से उल्लेख किया गया है कि यह व्रत सौभाग्यवती स्त्रियों द्वारा रखा जाना चाहिए, जिससे पति, पुत्र एवं पौत्रों की समृद्धि, परिवार की सुख-शांति और कल्याण बना रहे।

समय के साथ, करवा चौथ एक सामूहिक उत्सव से आगे बढ़कर एक गहरे व्यक्तिगत, किंतु सार्वजनिक रूप से मनाए जाने वाले व्रत में परिवर्तित हो गया। इस दिन की कथा, पूजन परंपरा और सांस्कृतिक सौंदर्य ने इसे आध्यात्मिक, भावनात्मक और सामाजिक स्तरों पर विशेष स्थान प्रदान किया।

आज की तेज़ जीवनशैली में भी करवा चौथ की सार्वकालिक प्रासंगिकता बनी हुई है। यह पर्व अब भूगोल या जीवनशैली की सीमाओं में बंधा नहीं है। इसकी लोकप्रियता इसके प्रतीकों, सौंदर्यशास्त्र, सामाजिक भावना, भावनात्मक गहराई और भक्ति शक्ति में निहित है।

यह प्रेम का पर्व है, जितना कि यह प्रार्थना का पर्व है।

आवश्यक सामग्री

1. सरगी (पूर्व-सुबह सास द्वारा दिया गया भोजन)

यह थाली उपहारों, वस्त्रों और पारंपरिक मिठाइयों एवं नमकीन व्यंजनों का सुंदर मिश्रण होती है, जिसे सूर्योदय से पहले बहू को प्रेमपूर्वक सास द्वारा दिया जाता है और उपवास से पहले ग्रहण किया जाता है।

- मेवे: बादाम, काजू, किशमिश, खजूर, अखरोट
- ताजे फल: केला, सेब, अनार, मौसमी फल
- मिठाइयाँ: फेनी, हलवा या कोई भी घर की बनी मिठाई
- पके हुए व्यंजन: पराठे, पूड़ी, सब्जी (परिवार की परंपरा अनुसार)
- नारियल पानी या दूध: उपवास शुरू होने से पहले शरीर में तरल की पूर्ति हेतु
- मट्ठा या छाछ: वैकल्पिक, पेट को ठंडा रखने के लिए
- सिंदूर एवं चुन्नी (सरगी थाली में शामिल)
- सरगी थाली: सजाई हुई प्लेट जिसमें सरगी परोसी जाती है

2. बायन सेट (सास या किसी वृद्ध महिला को अर्पित उपहार)

बायन एक पारंपरिक अर्पण है और इस व्रत का महत्वपूर्ण भाग है।

- साड़ी या पारंपरिक परिधान: सास के लिए
- मेवे: अच्छे से पैक किए गए डिब्बे में
- मिठाई का डिब्बा: लड्डू, बर्फी या पारंपरिक मिठाइयाँ
- श्रृंगार सामग्री सेट: जिसमें चूड़ियाँ, बिंदी, सिंदूर, आलता,

मेंहदी कोन, साड़ी, बिचिया/पायल/आभूषण आदि शामिल हों

- बर्तन (लोटा या स्टील का पात्र): कभी-कभी बायन में शामिल किया जाता है
- शगुन (धनराशि): पारिवारिक परंपरा अनुसार
- गिफ्ट रैपर या ट्रे: बायन की वस्तुएँ सजा कर रखने हेतु

3. सोलह श्रृंगार (विवाहित स्त्री के सोलह अलंकरण)

हालाँकि ये पूजा की सामग्री नहीं हैं, परंतु करवा चौथ की पूजा और व्रती स्त्री के स्वरूप के लिए यह अत्यंत महत्वपूर्ण हैं।

1. सिंदूर
2. मंगलसूत्र
3. चूड़ियाँ
4. झुमके
5. हार
6. नथ (नाक की बाली)
7. बिंदी
8. पायल
9. बिचिया
10. अंगूठियाँ
11. मांग टीका
12. काजल
13. मेंहदी
14. बाजूबंद
15. कमरबंद
16. इत्र या गजरा (फूलों की वेणी)

करवा चौथ पूजा सामग्री

• करवा (मिट्टी या धातु का पात्र): जल से भरा हुआ एवं सजाया जाता है। पूजा के समय अर्पित किया जाता है और चंद्रमा को अर्घ्य देने में उपयोग होता है। इसमें जल, अक्षत, हल्दी, सिंदूर, एक सिक्का, पुष्प की पंखुड़ियाँ डाली जाती हैं। ढक्कन बंद कर दें और उसके ऊपर अक्षत, फल, मिठाई रखें।
• छन्नी (जालीदार चलनी): पूजा के अंतिम चरण में चाँद और पति का मुख देखने के लिए प्रयोग की जाती है।
• अक्षत (कच्चे चावल): पूजन में अर्पण के लिए उपयोग होते हैं।
• रोली (लाल चंदन या सिंदूरी पाउडर): तिलक लगाने और पूजन के लिए।
• सिंदूर
• हल्दी
• चंदन (संदल पेस्ट): मूर्ति या प्रतीक चिन्हों पर लगाने के लिए।
• मौली (कलावा): संकल्प करते समय या कलाई में बांधने हेतु।
• आरती का दीया (चार बत्तियों वाला): चंद्रमा और पति की आरती के लिए।
• कपूर: अंतिम आरती में दिव्यता और शुद्धता हेतु।
• फूल: गेंदे या गुलाब जैसे ताजे फूल पूजा में अर्पण के लिए।
• पूजा घंटी (घंटी): आरती के समय और देवी की कृपा आमंत्रण हेतु।
• लाल कपड़ा या चुन्नी: चंद्र दर्शन और आरती के समय पहनने के लिए।
• मिठाई (मिश्री या खीर)

• मठरी या नमकीन: कभी-कभी चौथ माता को अर्पित की जाती है।

• पानी से भरा गिलास

• बिंदी, चूड़ियाँ, चांदी का करवा या आभूषण: कुछ घरों में पूजा या उपहार में चांदी का कोई सामान दिया या उपयोग किया जाता है।

• मेवे

• फल

• हल्दी: जल में मिलाकर या पृथक रूप से रंगोली और पात्रों की सजावट हेतु उपयोग की जाती है।

• गंगा जल: यदि उपलब्ध हो तो, पूजा स्थल की पवित्रता हेतु उपयोग किया जाता है।

• पान और सुपारी: देवी-देवताओं को अर्पित करने के लिए शुभ माने जाते हैं।

• दर्पण और कंघी: कभी-कभी करवा माता के श्रृंगार के प्रतीक रूप में प्रयोग किए जाते हैं।

• पूजा आसन या चटाई: पूजा के समय बैठने के लिए।

• माँ पार्वती / गौरा माता की मूर्ति या चित्र: मूर्ति या चित्र पर चुनरी अर्पित की जाती है।

• करवा चौथ व्रत कथा पुस्तक

• सजी हुई स्टील या पीतल की थाली: (समूह पूजा में करवा फेरना – जब सभी महिलाएँ वृत्ताकार बैठती हैं, तो थाली को बाएँ से दाएँ पास किया जाता है। एकल पूजा में – व्रती महिला अपने आसन पर इस थाली का प्रयोग करती है)

• अर्घ्य देने हेतु – पूजा के अंत में चंद्र को अर्घ्य देने और व्रत खोलने के लिए यही थाली प्रयोग होती है:-

• करवा (मिट्टी या धातु का पात्र):

जल से भरा हुआ एवं सजाया जाता है। पूजा के समय अर्पित किया जाता है और चंद्रमा को अर्घ्य देने में उपयोग होता है। इसमें जल, अक्षत, हल्दी, सिंदूर, एक सिक्का, पुष्प की पंखुड़ियाँ डाली जाती हैं। ढक्कन बंद कर दें और उसके ऊपर अक्षत, फल, मिठाई रखें।

• छन्नी (जालीदार चलनी): पूजा के अंतिम चरण में चाँद और पति का मुख देखने के लिए प्रयोग की जाती है।

• अक्षत (कच्चे चावल): पूजन में अर्पण के लिए उपयोग होते हैं।

• रोली • सिंदूर. • हल्दी • कपूर • फूल• मेवे • फल

• चंदन (संदल पेस्ट): मूर्ति या प्रतीक चिन्हों पर लगाने के लिए।

• मौली (कलावा): संकल्प करते समय या कलाई में बांधने हेतु।

• आरती का दीया (चार बत्तियों वाला): चंद्रमा और पति की आरती के लिए।

• पूजा घंटी (घंटी): आरती हेतु।

• लाल कपड़ा या चुन्नी: चंद्र दर्शन और आरती के समय पहनने के लिए।

• मिठाई (मिश्री या खीर) • मठरी या नमकीन: कभी-कभी चौथ माता को अर्पित की जाती है।

• पानी से भरा गिलास

• बिंदी, चूड़ियाँ, चांदी का करवा या आभूषण: कुछ घरों में पूजा या उपहार में चांदी का कोई सामान दिया या उपयोग किया जाता है।

पूजा विधान (विधियाँ और नियम)

1. प्रातःकालीन विधियाँ और संकल्प (सूर्योदय से पूर्व)

1. प्रातः स्नानः

स्त्रियाँ भोर (सूर्योदय से पूर्व) उठकर स्नान करती हैं और स्वच्छ पारंपरिक वस्त्र धारण करती हैं।

2. सरगी:

सास द्वारा बहू को दिया जाने वाला विशेष भोजन जिसमें फेनी (सेवई), फल, मेवे, मिठाई, नारियल और दूध से बनी चीज़ें शामिल होती हैं। यह सूर्योदय से पहले सेवन करना अनिवार्य होता है।

3. संकल्प (व्रत का संकल्प लेना):

सरगी के बाद महिलाएँ यह संकल्प करती हैं कि वे निर्जला व्रत (बिना जल और अन्न के) पति एवं परिवार की दीर्घायु और कल्याण के लिए रखेंगी।

स्त्री जल लेकर अपने व्रत की भावना को व्यक्त करती है और श्रद्धा से संकल्प मंत्र का उच्चारण करती है।

2. भक्तिपूर्ण तैयारी (श्रृंगार एवं पूजा व्यवस्था)

दिन भर महिलाएँ पूजा की तैयारियों में संलग्न रहती हैं:

- सोलह श्रृंगार से स्वयं को सजाना
- हाथों और पैरों में मेंहदी लगाना
- पूजा की थाली को सजाना
- बायन की थाली को व्यवस्थित करना

करवा धरना:

घर के मंदिर की दीवार पर गेरू (लाल मिट्टी) से चौक बनाकर, पीसे हुए चावल के घोल से करवे की आकृति बनाई जाती है। इसे करवा धरना कहा जाता है।

शाम को लकड़ी की चौकी पर माँ पार्वती और भगवान शिव की तस्वीर या मूर्ति स्थापित की जाती है (संभव हो तो माँ पार्वती की गोद में भगवान गणेश वाली मूर्ति हो)। इस चौकी पर रोली से 13 बिंदियाँ बनाई जाती हैं, जो शुभता का प्रतीक होती हैं।

---

3. गौरा माता एवं चौथ माता की पूजा

(व्यक्तिगत रूप से घर में या समूह में की जा सकती है)

- एक सादा करवा जल से भरकर तैयार करें।
- उस पर स्वस्तिक का चिन्ह बनाएं।
- फिर भगवान गणेश, माँ पार्वती, भगवान शिव, कार्तिकेय एवं चंद्रमा की विधिपूर्वक पूजा करें।

---

4. व्रत कथा की विधि

पूजा के बाद करवा चौथ व्रत कथा सुनाई जाती है:

- महिलाएँ वृत्ताकार बैठती हैं और प्रत्येक के पास एक सजी हुई थाली होती है।
- बायन की थालियाँ घड़ी की दिशा में एक-दूसरे को दी जाती हैं।
- थाली पास करते समय पारंपरिक करवा चौथ के गीत गाए जाते हैं।
- कोई वृद्ध सुहागिन महिला या ब्राह्मणी व्रत कथा सुनाती है।

यह बायन की आदान-प्रदान परंपरा आपसी सहयोग और वृद्धों के प्रति सम्मान का प्रतीक है।

5. बायन (बाया) का अर्पण

• परंपरा अनुसार, पूजा के बाद बहू अपनी सास को बायन अर्पित करती है।
• यदि सास उपस्थित न हो, तो बायन किसी वृद्ध सुहागिन महिला को या देवी के समक्ष अर्पित किया जा सकता है।
• कुछ क्षेत्रों में ब्राह्मण या योग्य विवाहित महिला को बायन का एक भाग दानस्वरूप भी दिया जाता है।

---

6. चंद्रदर्शन की विधि (चंद्र पूजा)

चंद्रमा निकलते ही स्त्रियाँ करवा, थाली और छन्नी लेकर बाहर जाती हैं:
• छन्नी में दीपक रखकर उससे चंद्रमा को देखती हैं या जल भरी थाली में चंद्र प्रतिबिंब देखती हैं।
• करवे से चंद्रमा को अर्घ्य (जल/दूध) अर्पित करती हैं (कुछ जल अगले चरण हेतु बचा कर रखें)।
• चंद्रमा को मिठाई और फल अर्पित किए जाते हैं।
• फिर चंद्र अर्घ्य मंत्र का जप किया जाता है।
• इसके पश्चात उसी छन्नी से पति का मुख दर्शन करती हैं।
• पति उन्हें जल और मिठाई का पहला ग्रास देकर व्रत तुड़वाते हैं।
• महिलाएँ पति और बड़ों के चरण स्पर्श कर आशीर्वाद लेती हैं।
• अंत में दोनों मिलकर प्रार्थना करते हैं और सुख, समृद्धि की कामना करते हैं।
• व्रत की पूर्णता के उपलक्ष्य में पारंपरिक भोजन ग्रहण किया जाता है।

7. पूजा के बाद की विधियाँ

• पूजा में उपयोग किया गया करवा दान स्वरूप किसी ब्राह्मण या योग्य सुहागिन महिला को अर्पित किया जाता है।

• भारत के कई क्षेत्रों में महिलाएँ नृत्य करती हैं, गीत गाती हैं और उत्साहपूर्वक इस परंपरा का उत्सव मनाती हैं।

• जब एक स्त्री श्रद्धा से व्रत रखती है, भक्ति से पूजा करती है और श्रद्धापूर्वक व्रत कथा सुनती है, तब वह अपने पति के दीर्घायु, स्वास्थ्य और समृद्धि के लिए देवी का आशीर्वाद प्राप्त करती है।

पूजा मंत्र, कथा, गीत और आरती

संकल्प मंत्र

मम सुखसौभाग्य पुत्रपौत्रादि स्थैर्य
श्रीप्राप्तये करकचतुर्थीव्रतमहम् करिष्ये ॥

(अर्थ: अपने सुख, सौभाग्य, पुत्र-पौत्रादि की स्थिरता तथा श्री प्राप्ति के लिए मैं करक चतुर्थी का यह व्रत कर रही हूँ।)

पूजा के मंत्र

- **श्री गणेश मंत्र:** ॐ गणेशाय नमः
- **पार्वती जी का मंत्र:** ॐ शिवायै नमः
- **भगवान शिव का मंत्र:** ॐ नमः शिवाय
- **स्वामी कार्तिकेय का मंत्र:.** ॐ षण्मुखाय नमः
- **चंद्रमा पूजन मंत्र:.** ॐ सोमाय नमः

चक्कर के गीत

(पंजाब में थाली फेरने के समय गाए जाने वाले गीत – वैकल्पिक)

(पहले छह चक्करों के लिए):

लै वीरो कुड़िए करवाड़ा,
लै सर्व सुहागन करवाड़ा।
लै करवाड़ा वटाईए,
जिंदां दी झोली पाईए।
ऐ कत्ती न अटेरी न,
घूम चरखा फेरी न।
वाण पैर पाईए न,
सुई च धागा पाईए न।
रुठड़ा मनाईए न,
सुतड़ा जगाईए न।
भैन प्यारी वीरा,
चन्न चढ़े ते पानी पीणा।
लै वीरो कुड़िए करवाड़ा,
लै सर्व सुहागन करवाड़ा।

(सातवें चक्कर के लिए)

लै वीरो कुड़िए करवाड़ा,
लै सर्व सुहागन करवाड़ा।
लै करवाड़ा वटाईए,
जिंदां दी झोली पाईए।
कत्त लै, अटर लै,
घूम चरखा फेरी लै।
वाण पैर पाईए लै,
सुई च धागा पा लै।
रुठड़ा मना लै,
सुतड़ा जगा लै।
भैन प्यारी वीरा,
चन्न चढ़े ते पानी पीणा।
लै वीरो कुड़िए करवाड़ा,
लै सर्व सुहागन करवाड़ा।

A. करवा चौथ माता की कथा

एक बार की बात है। एक साहूकार के सात बेटे और एक बेटी थी। बेटी का विवाह हो चुका था। बेटी अपने मायके में आई थी। बेटी का नाम करवा था। सातों भाई अपनी इस इकलौती करवा बहन से बहुत गहरा प्रेम करते थे। अपनी बहन का पूरा ध्यान रखते थे।

जब करवा मायके में आई हुई थी तो एक दिन शाम को सभी भोजन करने के लिए बैठे। कार्तिक मास, कृष्ण पक्ष की चतुर्थी तिथि थी। अतः घर में साहूकार की सभी बहुओं ने और साहूकार की बेटी करवा ने चतुर्थी/चौथ का व्रत रखा हुआ था।

जब साहूकार के सभी बेटे भोजन के लिए बैठे तो उन्होंने अपनी बहन को भोजन करने के लिए कहा। भाइयों का भोजन करने के लिए बुलाने पर बहन ने कहा – "भाई, अभी चाँद नहीं आया है। जब चाँद आ जाएगा तब मैं चाँद को अर्घ्य देकर व्रत पूरा करके ही भोजन करूंगी।"

करवा के ऐसा कहने पर भाइयों को चिंता हुई कि बहन

भूखी है और अभी चाँद भी नहीं आया है। ऐसे में सात भाइयों में से सबसे छोटा भाई बाहर किसी दूर के पेड़ पर जाकर उसमें अग्नि जलाकर उसमें एक छलनी लगाकर बहन के पास आया और बहन को कहने लगा – "देखो बहन, चाँद आ गया है। अब खाना खा लो।"

बहन ने अपनी भाभियों से भी कहा – "भाभी, देखो चाँद निकल आया है। अब आप लोग भी अर्घ्य देकर व्रत पूरा करके भोजन कर लो।"
भाभियों ने ननद करवा की बात सुनकर कहा – "ननद, ये चाँद तुम्हारा आया है, हमारा नहीं।"

ऐसा कहने के बाद करवा अकेले ही भोजन करने के लिए बैठ जाती है और जैसे ही भोजन का पहला ग्रास अपने मुँह में लेती है तो उसे छींक आ जाती है। दूसरा ग्रास मुँह में लेती है तो उसमें बाल निकल जाता है। इसके बाद जैसे ही भोजन का तीसरा ग्रास मुँह में लेने को होती है तो उसी समय उसके ससुराल से न्योता आता है कि उसके पति का स्वास्थ्य बहुत खराब है। वह शीघ्र पति को देखने ससुराल आ जाए।

इसके बाद उसकी भाभी उसे सच्चाई बताती है कि उसके

साथ ऐसा इसलिए हुआ क्योंकि उसने करवा चौथ का व्रत तोड़ दिया था। उसके भाइयों ने आग जलाकर झूठ कहा कि चाँद निकल गया है और उसने सच मानकर अपना व्रत तोड़ दिया। इसी कारण उसका पति बीमार हुआ।

सच्चाई जानने के बाद जब करवा अपने ससुराल जाती है और यह प्रतिज्ञा करती है – "मैं अपने पति को कुछ नहीं होने दूंगी।"

दुर्भाग्यवश, जब करवा अपने ससुराल पहुँचती है तो उसका पति प्राण छोड़ चुका होता है। पति के प्राण चले जाने पर करवा अपने दुःख को सहन नहीं कर पाती और सभी से कहती है – "मैं अपने पति का अंतिम संस्कार नहीं होने दूंगी। मैं अपने पति से दूर नहीं रह सकती। मैं एक पतिव्रता हूँ और सतीत्व की शक्ति से अपने पति के प्राणों को वापस लाऊंगी।"

करवा की इन बातों को सुनकर सब उसे पागल-पागल कहने लगते हैं और करवा के पति को श्मशान में अंतिम संस्कार के लिए ले जाते हैं। करवा भी अपने हठ और पति के वियोग में श्मशान में चली जाती है और वहाँ

सभी को अपने पति की चिता जलाने से मना कर देती है। करवा की बार-बार ज़िद करने पर सभी पारिवारिक लोग करवा की बात मान लेते हैं और करवा के पति का अंतिम संस्कार नहीं करते हैं। सभी घर लौट जाते हैं। करवा अपने मृत पति को लेकर दूर कहीं एक झोपड़ी में रहने लगती है और अपने पति को जीवित करने के लिए भगवान की पूजा, व्रत आदि करने लगती है। एक साल बीत जाता है।

करवा उसी दिन का इंतज़ार करती है जब उसने अपने मायके में चतुर्थी का व्रत तोड़ा था। एक वर्ष बीतने के बाद जब फिर से वही कार्तिक मास की चौथ (चतुर्थी) का दिन आता है तो करवा अपने पति के प्राणों के लिए निर्जला करवा चौथ का व्रत रखती है।

करवा अपने पति को पुनर्जीवित करने के लिए माँ जगदंबा से प्रार्थना करती है – "मेरे पति के प्राणों को वापस लाइए। मुझे मेरा सुहाग वापस लौटाइए।"

जब करवा का यह व्रत पूरा होने को रहता है तो उसके व्रत से माँ प्रसन्न हो जाती हैं और उसे कहती हैं – "यदि तुम अपने पति के प्राणों को वापस पाना चाहती हो तो

अपनी सबसे छोटी भाभी के पास जाओ। वही तुम्हारे पति के प्राणों को वापस ला सकती है, क्योंकि करवा का व्रत तोड़ने का कारण उसका सबसे छोटा भाई ही था। उसी ने पेड़ पर अग्नि जलाकर बहन को झूठ कहा था कि चाँद आ गया है।"

अतः करवा अपनी सबसे छोटी भाभी के पास जाती है और उनके पाँव पकड़कर कहने लगती है – "मुझे मेरा सुहाग वापस दिलवा दो।"
बार-बार कहने से करवा की भाभी अपनी छोटी उंगली को चीरकर उससे रक्त-अमृत निकालती हैं और करवा के पति के मुँह में डालती हैं।

ऐसा करने पर करवा का पति – "जय गणेश, जय गौरी, जय गणेश, जय गौरी" कहता हुआ पुनर्जीवित हो जाता है।
इस प्रकार भगवान की कृपा से करवा का पति वापस आ जाता है। तब करवा माँ गौरी से प्रार्थना करती है – "हे माँ गौरी! जिस प्रकार आज आपने इस करवा को फिर से सुहागन बनाया और चिर सुहाग का वरदान दिया, ठीक उसी प्रकार हे माँ! सभी स्त्रियों को सुहागन का वरदान मिले।"

B. वीरावती की कहानी

बहुत समय पहले इन्द्रप्रस्थपुर के एक शहर में वेदशर्मा नाम का एक ब्राह्मण रहता था। वेदशर्मा का विवाह लीलावती से हुआ था जिससे उसे सात महान पुत्र और वीरावती नाम की एक गुणवान पुत्री थी। क्योंकि सात भाइयों की वीरावती केवल एक अकेली बहन थी, इसलिए वह अपने माता-पिता के साथ-साथ अपने भाइयों की भी लाड़ली थी।

जब वह विवाह के योग्य हो गई तब उसकी शादी एक योग्य ब्राह्मण युवक से हुई। शादी के बाद वीरावती जब अपने माता-पिता के यहाँ थी तब उसने अपनी भाभियों के साथ पति की लंबी आयु के लिए करवा चौथ का व्रत रखा। करवा चौथ के व्रत के दौरान वीरावती को भूख सहन नहीं हुई और कमजोरी के कारण वह मूर्छित होकर ज़मीन पर गिर गई।

सभी भाइयों से उनकी प्यारी बहन की दयनीय स्थिति देखी नहीं जा रही थी। वे जानते थे कि वीरावती, जो कि एक पतिव्रता नारी है, चंद्रमा के दर्शन किए बिना भोजन ग्रहण नहीं करेगी चाहे उसके प्राण ही क्यों न निकल

जाएँ। सभी भाइयों ने मिलकर एक योजना बनाई जिससे उनकी बहन भोजन कर ले। उनमें से एक भाई कुछ दूर वटवृक्ष पर हाथ में छलनी और दीपक लेकर चढ़ गया। जब वीरावती मूर्छित अवस्था से जागी तो उसके बाकी सभी भाइयों ने उससे कहा कि चंद्रोदय हो गया है और उसे छत पर चंद्रमा के दर्शन कराने ले गए। वीरावती ने कुछ दूर वटवृक्ष पर छलनी के पीछे दीपक को देख विश्वास कर लिया कि चंद्रमा वृक्ष के पीछे निकल आया है। अपनी भूख से व्याकुल वीरावती ने शीघ्र ही दीपक को चंद्रमा समझ अर्घ्य अर्पण कर अपने व्रत को तोड़ा।

वीरावती ने जब भोजन करना प्रारंभ किया तो उसे अशुभ संकेत मिलने लगे। पहले कौर में उसे बाल मिला, दूसरे में उसे छींक आई और तीसरे कौर में उसे अपने ससुराल वालों से निमंत्रण मिला। पहली बार अपने ससुराल पहुँचने के बाद उसने अपने पति के मृत शरीर को पाया।

अपने पति के मृत शरीर को देखकर वीरावती रोने लगी और करवा चौथ के व्रत के दौरान अपनी किसी भूल के लिए खुद को दोषी ठहराने लगी। वह विलाप करने लगी। उसका विलाप सुनकर देवी इन्द्राणी, जो कि इन्द्र देवता की पत्नी हैं, वीरावती को सांत्वना देने के लिए

लिए पहुँचीं।

वीरावती ने देवी इन्द्राणी से पूछा कि करवा चौथ के दिन ही उसके पति की मृत्यु क्यों हुई और अपने पति को जीवित करने की वह देवी इन्द्राणी से विनती करने लगी। वीरावती का दुख देखकर देवी इन्द्राणी ने उससे कहा कि उसने चंद्रमा को अर्घ्य अर्पण किए बिना ही व्रत को तोड़ दिया था जिसके कारण उसके पति की असमय मृत्यु हो गई। देवी इन्द्राणी ने वीरावती को करवा चौथ के व्रत के साथ-साथ पूरे साल में हर मास की चतुर्थी को व्रत करने की सलाह दी और उसे आश्वस्त किया कि ऐसा करने से उसका पति जीवित लौट आएगा।

इसके बाद वीरावती सभी धार्मिक क्रियाओं और मासिक उपवास को पूरे विश्वास के साथ करती रही। अंत में उन सभी व्रतों से मिले पुण्य के कारण वीरावती को उसका पति पुनः प्राप्त हो गया।

करवा चौथ आरती

ॐ जय करवा मइया, माता जय करवा मइया।
जो व्रत करे तुम्हारा, पार करो नैया।
ॐ जय करवा मइया।
सब जग की हो माता, तुम हो रुद्राणी।
यश तुम्हारा गावत, जग के सब प्राणी।
ॐ जय करवा मइया।
कार्तिक कृष्ण चतुर्थी, जो नारी व्रत करती।
दीर्घायु पति होवे, दुख सारे हरती।
ॐ जय करवा मइया।

चंद्र अर्घ्य मंत्र

करकं क्षीरसम्पूर्णं तोयपूर्णमथापि वा।
ददामि रत्नसंयुक्तं चिरंजीवतु मे पतिः॥

(अर्थ: मैं यह करवा, जो दूध या जल से पूर्ण है और रत्नों से सुसज्जित है, अर्पित करती हूँ — ताकि मेरे पति दीर्घायु हों और समृद्ध रहें।)

"हे चंद्र देव, जैसे आप अखंड हैं, वैसे ही मेरा सुहाग भी अखंड रहे।"

www.ingramcontent.com/pod-product-compliance
Lightning Source LLC
LaVergne TN
LVHW022111071026
849580LV00014B/2069
* 9 7 8 9 3 3 4 3 5 5 0 9 3 *